Die deutsche Ausgabe wurde freundlicherweise gefördert durch den
Nederlands Letterenfonds, Amsterdam.

Aus dem Niederländischen von Rolf Erdorf

 Entdecken Sie weitere Bilderbücher aus unserem Programm!

ISBN 978-3-7725-3118-7
1. Auflage 2022 | Verlag Freies Geistesleben, Landhausstraße 82, 70190 Stuttgart | www.geistesleben.com
© Text: Stefan Wolters 2021 | © Illustrationen: Barbara de Wolf 2021
© Originalausgabe: *Spoedniks zoekt een nieuwe planeet*, Uitgeverij Ploegsma, Amsterdam 2021
Gestaltung: Steef Liefting | Druck: GCC Grafisches Centrum Cuno, Calbe
Printed in Germany. Alle Rechte vorbehalten.

Stefan Wolters | Barbara de Wolf

Commander Neustern sucht einen neuen Planeten

Verlag Freies Geistesleben

Das hier ist Commander Neustern. Er ist kurz davor, die Menschheit zu retten. In seinem selbst gebauten Raumschiff, der ASPRO 5000, wird er auf der Suche nach einem neuen Planeten das Weltall bereisen.

Denn der Erde geht es nicht ganz so gut. Man könnte sagen, dass die Erde gerade dabei ist, ein bisschen krank zu werden. Und auf einem kranken Planeten lässt es sich nicht so schön wohnen.

Sein Koffer ist gepackt. Er hat seine Weltraum-Unterhose, Astronauten-Nahrung mit seinem Lieblingsgeschmack, ein schönes Buch und natürlich sein Kuscheltier Schnuckiducki dabei.

Gerade als Commander Neustern seine heldenhafte Reise antreten will, klingelt sein Telefon.
Dabei steht er schon auf der Leiter zu seinem Raumschiff.

Es ist seine Mutter ...
Ob er auch seine Butterbrote mithat.
(Im Weltraum isst man Astronauten-Nahrung!)
Ob er bitte einen warmen Pullover anzieht.
(Er trägt seinen ganz speziellen Raumanzug!)
Ob er nicht zu spät ins Bett geht.
(Im Weltraum gibt es keine Zeit!)
Und ob er seine Mutter anruft, nachdem er sicher gelandet ist.
(Im Weltraum hat man einen ganz schlechten Empfang!)
«Ja, Mama», sagt er brav. Aber er denkt: Ich bin doch ein Mann und schon groß ...!

Jetzt hebt Commander Neustern aber wirklich ab.
Der Countdown hat schon begonnen:
10-9-8-7-6-5-4-3-2-1-0 START!

Mit einer Riesengeschwindigkeit schießt die ASPRO 5000 in die Luft, quer durch die Erdatmosphäre und hinein in den endlosen Weltraum.

Wie klein die Erde plötzlich aussieht ...

Commander Neustern fliegt an Galaxien und Milchstraßen vorbei und saust durch schwarze Löcher. Mit Lichtgeschwindigkeit rast er dahin.

Manchmal stößt er gegen einen Planeten, Stern oder Mond. Dann kommt ihm der Weltraum wie ein Flipperautomat vor. Zum Glück kann die ASPRO 5000 einiges aushalten.

Im großen Weltall kommt Commander Neustern sich
manchmal ziemlich klein und verloren vor.
Man begegnet nicht vielen Menschen im Weltraum.
Dann liest er ein Weilchen in seinem Lieblingsbuch.
Oder er kuschelt mit Schnuckiducki.

Durch den Weltraum zu reisen dauert lange.
Commander Neustern ist schon monatelang unterwegs.
Er begegnet einer Menge Planeten. Ob man dort
vielleicht wohnen kann?

Dieser Planet ist nicht so geeignet: viel zu heiß!
Hm, etwas klein vielleicht?

Ein richtig guter Planet ist nicht dabei.

viel zu heiß

igitt, zu schleimig

dieser ist aber sehr groß

der hier pikst

der hier stinkt fürchterlich

Endlich, e n d l i c h sieht Commander Neustern einen
guten Planeten. Schön, frisch und grün. Nicht zu groß,
nicht zu klein. Nicht zu warm, nicht zu kalt ...
Er landet mit der ASPRO 5000 und geht auf
Entdeckungsreise.

Er nennt den Planeten Erbse Elf.
Erbse, weil der Planet klein, rund und grün ist,
und elf, denn das ist zufällig seine Lieblingszahl.
Er rammt seine Fahne fest in den Boden.

Genau wie auf der Erde lässt es sich auf Erbse Elf ausgezeichnet atmen. Commander Neustern kann seinen Raumfahrerhelm einfach absetzen.

«Roger Papa Bravo Tango!», funkt er zur Basis auf der Erde. «Commander Neustern an Erde: Ich habe einen geeigneten Planeten gefunden!»

Commander Neustern geht auf Erkundungstour.
Plötzlich stößt er mit einem kleinen, grünen Männchen zusammen.
Oder Weibchen, das weiß er nicht genau. Er bekommt sich fast
nicht ein vor Schreck. Das kleine grüne Wesen auch nicht. Es ist ein
Bewohner des Planeten, ein echter Erbse-Elfling!
Commander Neustern stellt sich vor, wie es sich gehört, wenn man
irgendwo zu Besuch kommt.

«Ich bin Commander Neustern!», schreit Commander Neustern.
«Und wie heisst du?»
«Fiepedituutuut!», kreischt das kleine Wesen zurück.
Eigenartig, denkt Commander Neustern.
Aber gut, vielleicht ist Fiepedituutuut auf diesem Planeten
ja ein ganz normaler Name. So wie Frieder
und Tanja bei uns auf der Erde ...

«Ich komme von gaaanz weit her», ruft Commander Neustern.
«Ich komme von der Erde und suche einen neuen Planeten zum
Wohnen. Geht das hier auf dem Planeten Erbse Elf?»
Das Weltraumwesen schüttelt heftig den grünen Kopf.
«Krawumm!!!», ruft es so laut es kann.

Commander Neustern bekommt einen Mordsschreck.
Wird Planet Erbse Elf bald mit einem Knall zerplatzen?
Dann hat er keine Zeit zu verlieren! Er muss umgehend
von hier verschwinden! Rasch hinein ins Raumschiff.
Er sagt noch schnell «tschüs» zu Fiepedituutuut,
setzt seinen Helm auf und klettert auf die Leiter
der ASPRO 5000.

«10-9-8-7-6-5-4-3 ...», zählt Commander Neustern.

Doch dann beginnt Fiepedituutuut ganz hemmungslos zu weinen. Große grüne Weltraumtränen rinnen ihm übers Gesicht. Commander Neustern bringt es nicht übers Herz, das kleine grüne Wesen einfach zurückzulassen.
«Also gut, komm mit», sagt er. «Steig ein in mein Raumschiff.»

Und so geht die Suche von Commander Neustern durchs Weltall weiter.
Eigentlich findet er es ganz gemütlich mit Fiepedituutuut an Bord. Jetzt ist er nicht mehr so allein. Zusammen in der ASPRO 5000 sausen sie von Galaxie zu Galaxie.
Commander Neustern steuert sein Raumschiff nach links durch ein Wurmloch – und prallt auf der anderen Seite mit einem Riesenknall gegen einen Planeten.

Nachdem sie sich von ihrem Schreck erholt haben,
schauen sich Commander Neustern und Fiepedituutuut
um und trauen ihren Augen nicht.
Was für ein prächtiger Planet ist das! Hier wollen sie
gern bleiben. Die ASPRO 5000 ist sowieso kaputt und
lässt sich nicht mehr starten.
Aber das macht nichts. Die Rakete ist auch
ein prima Haus.

Was für ein wunderschöner Ort! Könnten nur alle Menschen hier wohnen …
«Commander Neustern an Erde: Ich habe einen supertollen Planeten gefunden!»

Commander Neustern war sehr stolz auf seine Entdeckung und nannte den neuen Planeten nach sich selbst: Planet Neustern.
(Ihr habt natürlich schon bemerkt, wo Commander Neustern in Wirklichkeit gelandet war …)

Die Nachricht von Commander Neusterns Suche ging um die ganze Welt. Und alle verstanden jetzt, dass es gar nicht so leicht war, in diesem riesigen Weltall einen genauso schönen Planeten wie die Erde zu finden. Und darum sorgten die Menschen ab sofort wieder gut für die Erde. Damit sie das blieb, was sie war:
Der schönste und beste Planet im ganzen Universum!